춤, 생활 속에 스며들어 있었네

큰들 윤자 시집

을지출판공사

| 시인의 말 |

아장아장
병아리 걸음
내 눈
병아리 눈처럼 작았을까?

작은 눈망울 속
아지랑이
모락모락 피어오르고
새털 같은 구름옷 입고
나비처럼 나풀나풀

무지개 언덕 너머
꽃동산
몇 바퀴 돌았을까?

2020년 여름에

큰들 윤 자(尹慈)

Contents

차례

Contents

Contents

Contents

Contents

Contents

Contents

제 1 부

아, 그리워라

긴 꼬리 흔들흔들
물 속 헤엄치듯
하늘을 날아가는 녀석
가오리연이더라.

깡통 쥐불놀이

정월 대보름
휘영청 달 밝은 밤
깡통 송송
숨구멍 뚫고
빠알간 숯불 담아
깡통줄 잡고서
공중으로 휙휙
돌리고 돌리네

들판에선
도깨비들
즈그들끼리 도깨비춤 추다
화들짝 놀라고
이글이글 타오르는 불꽃
둥그렇게 원을 그리며
춤을 추네.

가오리연

코흘리개 아이들
설빔 입었네

세뱃돈
복주머니 넣어 차고
들판으로 달려가
연을 날리네

빳빳하게 풀 먹인 실 달고서
하늘엔
연들 하늘하늘 춤추고

긴 꼬리 흔들흔들
물 속 헤엄치듯
하늘을 날아가는 녀석
가오리연이더라.

초립동

꼬마 아이
초립모자 쓰고
바지 저고리 입었네

오늘은
꽃 같은 새색시 맞아
장가가는 날

기쁜 듯 쑥스러운 듯
방긋방긋 웃으며
귀엽고
익살스럽게
재롱부리듯 춤을 추네

장가간다고
어른들께 엽전 받았나?

돈 주머니 신나게 돌리고
어른 된 듯
어른걸음 흉내 내고
제기도 차는구나.

*초립동(草笠童) : 초립을 쓴 사내아이. 1937년 무용가 최승희가 우리 민족의 정서를 담아 창작한 무용작품이다.

초록 옷 초록 물결

가늘게 흐르는 실개천은
어머니 젖줄

여리고 보드라운 새싹
배냇저고리 벗고
초록 옷 입었네

봄바람 살랑살랑
들판 가득
싱그런 초록 물결
끝없이 춤을 춘다.

*배냇저고리 : 갓난아이에게 입히는 저고리.

봄이 왔네

햇빛 드는 양지 녘
봄나물 파릇파릇
얼굴 내밀고

들판엔
아지랑이 모락모락
춤추듯 피어오르네

봄처녀
바구니 끼고 앉아
바구니 가득
봄을 담고 담는다.

지천에 널린 게 감사함이더라

사월이라
들판은 푸르고
토끼풀 사이로
제비꽃 보이네

풀잎에 맺힌
고운 이슬방울들
맑은 하늘 담고 있고
지천에 널린 게 쑥이더라

덤범덤벙
대충 뜯어 담으니
금세 한 보따리
병고(病苦)를 약으로 삼으라

지천에 널린 게
감사함이더라.

*병고(病苦) : 질병과 고통.
*병고를 약으로 삼으라 : 부처님 말씀이며 몸에 병이 없으면 탐욕이 생기기 쉬우니 병고를 약으로 삼으라.

봄날 정취(情趣)

어디서 날아 왔는가?
초가집
울타리 너머
매화꽃 허옇게
마당 덮었네

싸리나무 빗자루
흙벽에 걸려 있는데
쓸어야 하나?

아서라
한 번 왔다가 가는 인생
일장춘몽(一場春夢)이라
매화꽃 날리는

봄날 정취에 푸욱 취해 보세.

*일장춘몽(一場春夢) : 한바탕 봄 꿈. 인생의 모든 부귀영화가 꿈처럼 덧없이 사라지는 것을 비유한 표현이다.

물동이 이고 가는 처녀

아리따운 처녀
물동이 이고
엉덩이 씰룩씰룩
옆으로 흔들며 걸어가네

물동이 물
같이 춤추는가
넘쳐 흐르는 물
처녀 가슴 적시네

하얀 저고리에 뽀얀 살
보일 듯 말 듯
지나가는 총각
가슴 콩당콩당
얼굴 빨개지네.

그네

댕기 나풀나풀
옷고름 너울너울
오르락내리락
그네가 춤을 추네

봄바람에 펄럭이는
다홍치마
한 떨기 꽃이련가

오르락내리락
춤추듯 그네 타는
꽃 같은 아가씨.

빨래터

봄날
개울가 버들강아지
긴 겨울잠 깨어
빠끔히 눈 뜨고

동네 아낙
겨우내 덮었던 솜이불
홑청 뜯어
빨래터 향하네

졸졸졸 흐르는 물소리
묵은 때 빼는 방망이 소리
경쾌하고

흐르는 물결 따라
빨래 너울너울
기다랗게 춤을 춘다.

온고지신(溫故知新)

실개천 따라
굽이굽이
어제가 오늘 되고
오늘이 내일 되어 흐르네
역사 되어 흐르네

강물 속으로 또 강물 흐르고……

온고지신
물결되어
반짝반짝
끝없이 흐르네
역사 되어 흐르네
드넓은 바다로 흐르네.

*온고지신(溫故知新) : 옛것을 익혀 새로운 것을 안다.

비여, 내리소서

긴 가뭄에
논바닥 갈라지고
거북등 논바닥
하늘만 바라보았지

사람들
타는 목마름으로
비여, 내리소서
간절하게
손발이 닳도록
하늘에 빌고 또 빌었지

바람과 함께
먹구름 밀려오고
우르르쾅쾅 천둥소리
장대 같은 소낙비

흠뻑 젖은 농부들
비 온다 환호성 지르며
서로 부둥켜안고
덩실덩실 어깨춤 추었지.

보부상

패랭이모자 쓰고
짚신 신고
하늘을 지붕 삼아
팔도강산 집 삼아
돌고 도네

주막에서
무거운 짐 내려놓고
국밥 한 그릇
훌훌 말아 먹고
막걸리 한 사발
꿀꺽꿀꺽 들이켜더니
입에선
구성진 육자배기 한가락
술술 나오더라

어깨 들썩들썩
어깨춤에
손바닥, 북채 되어
개다리소반 가볍게 두드리더라.

*육자배기 : 전라도 지방의 민요.
*개다리소반 : 상다리 모양이 개 다리처럼 구부러진 밥상.

남사당패

장날
왁자지껄
사람들 오가고
장터 한켠
남사당패 판 벌였네

외줄타기 남사당
발 딛고 올라가더니
한 발 두 발 걷다
앉았다 섰다
공중에서
아슬아슬 재주부리며
흥겹게 어깨춤 추었네.

*남사당(男寺黨) : 남자들로 구성된 떠돌아다니는 예술인 집단.

남산골 딸깍발이 : 탭댄스(tap dance)

비 오는 날 나막신
맑은 날에도 나막신이더라

나막신 소리
딸깍딸깍
시조 한 수 읊으며
어깨춤 추며
걸어가더라

남산골
딸깍발이
남산골
가난한 선비들이더라.

마당극장

마당에 멍석 깔고
무당 불렀네
굿장단 가락 따라
방울 흔들며
버선발 얼쑤얼쑤
굿춤이라네

넋두리 연기에
굿거리 리듬 타고
굿춤 펼쳐지는 곳
동네 마당은
마당극장이었네.

*학자들은 한국 춤의 뿌리를 샤머니즘(shamanism, 무속 신앙)으로 보는데 샤먼(shaman, 주술사)은 무당으로 신과 인간 사이를 이어 주는 존재이다.

가을 풍경

가을바람
솔솔 불고
빨랫줄에선
새하얀 아기 기저귀
앞뒤로 펄럭펄럭
춤을 추었지

투명한 날갯짓
공중을 비행하듯 나는
고추잠자리
바지랑대 끝
사뿐히 앉았지.

*바지랑대(간짓대) : 빨랫줄 받쳐 주는 긴 대나무.

허수아비

들판엔
황금물결 출렁출렁
새들
떼 지어
우루루 날아 온다

허수아비
춤바람 났는가
훠이훠이
쫓을 생각 없고
밀짚모자 쓰고
양팔 벌린 채
흔들흔들 춤만 추는구나.

농악 상모춤

상모(象毛) 쓴 재비들
흥겨운 리듬과 하나 되어
머리 비스듬히
몸을 옆으로 돌린다

몸보다 긴 상모끈
왼쪽으로 돌리고
오른쪽으로 돌리고

허공에
태극 모양
원을 그리며
신나게 춤춘다.

*상모(象毛) : 농악. 풍물놀이에서 재비들이 머리에 쓰는 것.
*재비: 농악꾼. 국악에서 연주하거나 노래 부르거나 춤추는 사람.

억새풀

첩첩산중
산길 굽이굽이
봇짐 지고 가는 나그네
꼬부랑 고개
넘고 넘는다

사람은 보이지 않고
억새풀만
바람에 춤추듯 손짓하는구나

하늘하늘 미소로
편안하게 맞아 주니
오랜 벗 만난 듯
반갑고
외롭지 않더라.

가을 운동회

높푸른 하늘엔
만국기 휘날리고
부채춤, 소고춤, 농악춤
연습하느라
햇빛에 검게 그을린 아이들

청군 백군
머리띠 두르고
청군 이겨라
백군 이겨라
가을바람에 펄럭이는 깃발들

깃발 따라 응원하는
아이들 뒤통수에선
머리띠 끝자락 나풀나풀
춤을 추었지.

엿장수 가위춤

빈 병 받아요
찌그러진 양재기
구멍 난 솥단지 받아요
찢어진 고무신 받아요
엿가위 짤깍짤깍
엿장수 왔네

멀쩡한 고무신 들고 온 아이
엿 달라 하니
엿판 들추고
찹쌀엿 떼어 주네

엿판 위에 놓인 엿가위
엿장수 손에 들리고
무디고 넓다란
까만 두 다리

번갈아
짤깍짤깍
가위춤 추네.

바람과 함께 사라지다

서로 바라보는 강렬한 눈빛
이글이글 타오르고
자석이 끌어당긴 듯
밀착된 두 몸
한 몸이 되어
탱고(tango) 리듬 탄다

심장 쿵쾅쿵쾅
가슴 두근박 세근박
바람과 함께 사라지다
영화 속
스칼렛 오하라와 레트 버틀러
두 얼굴
겹쳐진다.

*탱고(tango) : 서양춤. 4분의 2박자 또는 8분의 4박자의 경쾌한 춤곡으로 남녀 한 쌍이 짝이 되어 추는 데 매우 육감적이고 낭만적이다.

지팡이춤

검정 신사복에
중절모자 쓰고
지팡이 들고 걷다가
지팡이 돌리고 돌린다

찰리 채플린처럼
우스꽝스럽게
콧수염 붙여 볼까?

*찰리 채플린(charles chaplin, 1889~1977) : 영국의 영화 감독, 영화제작자, 영화배우.

괘종시계

벽에 걸린 괘종시계
세월의 흔적
먼지 앉았네

똑딱똑딱 소리
새벽 적막을 깨고
둥근 시계추
옆으로 왔다 갔다
춤추듯 흔들린다

멈추면
태엽을 감고 또 감고
시간이 가고
세월이 흘러간다.

장구 치는 인형

연두 저고리에 다홍치마
한쪽 치맛자락
앞으로 끌어 올려
허리를 감싸매니
요염한 자태더라

장구
어깨 걸쳐 메고
섬섬옥수
오른손엔 열채 들고
왼손엔 궁굴채 들고
춤추듯 서 있더라.

*섬섬옥수 : 가늘고 긴 손가락.
*열채 : 가느다란 대나무채.
*궁굴채(궁채) : 농악 등에서 장구를 칠 때 왼손에 쥐고 장단을 치는 채.

돌탑

달 아래
촛불 켜고
정화수(井華水) 한 그릇 떠 놓았네

두 손 위로 모으고
둥들게 둥글게
손 닳도록 빌고 빌던
간절한 소망들

오가는 길
한 돌 두 돌
숨죽여
조심조심 쌓았네
돌탑 쌓았네.

*정화수(井華水) : 이른 새벽에 길은 우물물.

굴뚝 연기

서산에 해 기울고
저녁노을 붉게 물들었지

밥 짓는 냄새
바람 타고 솔솔
초가집 굴뚝마다
뽀얀 연기 몽글몽글
긴 머리카락 날리듯
너울너울 춤을 추었지

밥때 되었으니
그만 놀고
와서 밥 먹어라
어머니께서
부르시는 손짓 같았지.

물레야 물레야

물레야 물레야
돌아라 돌아라

꽃 같던 꽃각시
청춘 싣고 돌고 돌아
귀밑머리 허연 할머니
베틀 앞 앉아
덜커덕덜커덕
무명베 짜는구나

돌고 도는 인생사
물레야 물레야
돌아라 돌아라.

다듬질

동지섣달
달빛 내리는 밤
마당은 달빛으로 물들고

창호지 문에 비치는
두 그림자
다듬질 소리
주거니 받거니
어둔 밤
고요한 정적을 깨고

방망이
오르락내리락
춤을 추네.

유랑 극단 딴따라

빈손으로 왔다
빈손으로 가는
우리네 인생

구름 따라
물 따라
나그넷길

유랑 극단
딴따라 되어

기쁠 때도 함께
슬플 때도 함께
서로 위로하며
가는 날까지

즐겁게 행복하게 살아 보세
얼~쑤.

*유랑 극단 : 일정한 거처없이 떠돌아다니며 연극을 공연하는 단체.
*딴따라 : 연예인(배우, 가수, 무용가 등)을 낮잡아 부르는 말.

창극

시장 공터엔
대형 천막 쳐지고
어른들
일찌감치 자리 잡고
신발 벗고 앉았네

창극무대 펼쳐지는데
돈 없는 아이들
들어가진 못하고
천막 틈새로 구경을 하네

슬근슬근 슬근슬근 톱질이야~
흥부네 집 먹을 게 없어
무대에서 박을 타네
갖은 금은보화에
비단 펑펑 솟구치고

흥부네 식구들
꿈인가 생시인가
덩실덩실 어깨춤 추네.

*창극(국극) : 노래, 창을 기본으로 하는 우리나라 음악극. 음악, 연극, 무용, 의상, 예능이 있는 종합예술이다.

동춘 서커스단

공중에서 외줄 타는 곡예사
아슬아슬했었지
손끝에서 꽃 피어나고
비둘기 날리던 마술사
신기했었지

아리따운 아가씨
위를 보고 누워
두 다리로
항아리 올렸다 내렸다
돌리고 돌리고
항아리춤 추었지

코끼리쇼, 원숭이쇼
푹 빠져 들었지
코끼리 원숭이는

동물원 가서 본다지만
추억의 동춘 서커스
어디서 볼까.

동백기름

동백기름 손에 붓고
귀밑머리까지 바른다

동백향
스치는 그리움
동백숲엔
어머니 살고 계실까?

바람에 날아가 버린 내 청춘
깃털처럼 날아가 버린 내 청춘.

동동구루무

동동구루무 왔어요
동동구루무~

동동구루무 장수
큰 소리 외치고
걸음걸음마다
북채 덩덩덩

등 뒤에선
둥그런 북
덩덩덩
북춤을 춘다.

*동동구루무 : 얼굴에 바르는 영양크림.

동네 마실 나왔소?

오메, 어르신
동네 마실 나왔소?
하루종일
멍허니 있을랑께
깝깝혀서
찬바람 쐴라고 나왔네

아이고
마실 잘 나왔소잉
아랫장에 품바꾼들이
춤추고 노래하러
온다는디
퍼뜩 가서
허벌나게 놀아봅시다잉

자네
각설이타령 할 줄 아는가?
아랫장 가는 길
함께 부르며 가세~
지화자 좋~다~
그럽시다.

장돌뱅이 가수

이 장 저 장
오일장
방방곡곡 돌고 돌아
장돌림이라오
물건 파는 장수
장돌뱅이이지요

둥둥 두리둥둥
신명나게 북 치며
작년에 왔던 각설이
죽지도 않고 또 왔네
각설이타령
구성지게 부르는
장돌뱅이 가수라오.

*장돌뱅이 : 여러 장을 돌아다니며 물건 파는 장사꾼(장돌림)을 낮잡아 이르는 말이다.

하얀 고무신

사람들 떠난 동네
쓸쓸하여라
기와집 너른 마당
예전 그대로인데

주인은 보이지 않고
디딤돌 위엔
하얀 고무신만
덩그러니
고무신 벗어두고
흰구름 타고 훨훨

할머니
머나먼 길 떠나셨네
하늘 길 떠나셨네.

트롯의 변신

산전수전(山戰水戰)
우여곡절 겪고 겪어
나이 들 만큼 들고 들어
외로울 때
그리울 때
슬플 때
술 기운 있을 때
듣고 부르는 음악인 줄 알았어요

백년 세월
우리와 함께 하였다니 놀랍네요
요즘,
트롯이 꿈틀꿈틀
변신을 하고 있답니다

춤과 노래 즐겼던
조상들의 신명과 끼

우리 핏속에 있어서일까요?
아이에서부터 어르신까지
누구나 트롯을 따라 부른답니다

오랜 문화와 역사
문화 콘텐츠(contents) 만났을 때
트롯의 행보,
전 세계를 상대로
엄청 빨라질 듯해요.

심금(心琴)을 울리다

그날이 그날인
영혼들에게
잔잔한 물 위
파문(波紋) 일 듯
울림을 주고
잔잔한 여운과
감동을 주네요

눈가에 맺힌
이슬방울
볼을 타고 흐르고
우리네
심금(心琴)을 울린답니다
예술의 힘이겠지요.

*심금(心琴) : 마음의 거문고.
*심금을 울리다 : 마음의 거문고를 울리다. '감동을 받다'를 비유한 말이다.

제 2 부

자연의 춤

붓끝 하늘 향해
구름처럼 너울너울
학 날아가듯
허공에 글을 쓴다

방방곡곡 찾아가는 무대극장

하얀 바탕에
한글 현수막
까만 글씨체로
방방곡곡 찾아가는 무대극장
큼직큼직한 게
한눈에 쏘옥 들어오더라

바람 타고
날 좀 보소 날 좀 보소
날 보란 듯 춤추고
까막눈 아니고선
누구나 볼 수 있겠더라.

분수대 물춤

잔잔하고 너른 호수
어둠 깃들고
밤하늘엔 별 총총
사람들 하나 둘
분수대 주변에 모여든다

음악이 흐르자
분수에서 물 솟구치고
물길은
화려한 조명으로 물들고
화려한 옷 입은 무용가처럼
음악 선율 따라
색색 고운 춤을 춘다.

무대도 함께 간들간들

혼례 치르고
굿판 벌이던
우리네 마당극장

사람들
영화 본다며 공연 본다며
무대가 있는 극장으로 몰리고
긴 줄 늘어서
매표소 앞에서 표를 끊었네
영화관만 극장이더냐
방방곡곡 찾아가는
무대극장 있었네

유랑극단, 창극단, 서커스단, 군 위문공연……
동고동락(同苦同樂)
모두 함께

웃고 기뻐하고 눈물 흘리며
노래하고 춤추었네

무대도 함께
간들간들
노래하고 춤추었네.

*우리나라에 무대극장이 도입된 시기는 일제시대이다.

나팔꽃 나팔바지

이른 아침
싱그런 풀잎 사이로
연보랏빛 나팔꽃 활짝 피었지

풀잎마다 맺힌
맑은 이슬방울
귀여운 요정이련가
쭈루룩 미끄럼 타고
나팔꽃 웃는 얼굴 입맞춤하였지

나팔꽃
나팔웃음 활짝
나팔 요정 되어
나팔꽃 나팔나팔
나팔바지춤 추었지.

꽃비 내리네

꽃바람
살랑살랑
매화꽃 떨기째
바람결에
흔들흔들
꽃비 내리듯
공중에서 흩날리더라

나비처럼
사뿐히
땅에 앉으니
매화나무밭
매화꽃 수북히 쌓였더라.

봄의 왈츠(waltz)

봄바람에 날리는 꽃잎들
연분홍 무도복 차려 입고
공중에서
스칠 듯 말 듯
빙글빙글
돌고 도네
핑크빛
봄의 왈츠라네.

*왈츠(waltz) : 세박자의 경쾌한 춤곡. 또는 남녀가 한 쌍이 되어 원을 그리며 추는 춤.

꽃샘추위

화들짝 벚꽃길
연인들
꽃처럼 아름답구나
꽃샘추위
시샘하는가
찬바람 불어와
벚꽃
꽃비 되어 흩날리네

추워도 괜찮아
여린 꽃잎
바람에 날려 으스러져도 괜찮아
마음밭
따사로운 정원엔
밤하늘 별들처럼
꽃들이
순간순간 피어 있을 테니.

붓꽃

푸른 하늘은
하늘빛 도는 한지 같고
들판에 누워
오묘한 보랏빛 먹물 묻혀

붓끝 하늘 향해
구름처럼 너울너울
학 날아가듯
허공에 글을 쓴다

붓끝 하늘 향해
바람결에 춤추듯 흔들리는
붓꽃.

토끼풀

초록물감 뿌려 놓은 듯
들판 푸르고

토끼처럼
털 보송보송
새하얗게 피어난 꽃들
바람에 흔들흔들
춤추는 토끼풀이라네

토끼풀 꺾어
토끼꽃 주렁주렁
목걸이 만들어 볼까
반지 만들어 끼워 볼까.

풀매는 소리

꽃각시
엇그네 같더니
자식들 어미품 떠났네
지아비 하늘나라 떠났네

비가 오니
마당엔 잡초만 무성하더라
품삯 주고
사람 부르니
풀매는 소리
싸각싸각

서두르지 말고
쉬엄쉬엄 하씨요~
사람 소리 들리니
좋소~.

옹기항아리 무늬

옹기항아리 파는 곳
항아리
옹기종기 모여 있고
투박한 질감
할머니 손길처럼 푸근하다

사람들 모습처럼
크고 작은 항아리마다
다양한 무늬들……

독 짓는 장인
유약 발린 항아리
손끝으로 춤추며
무늬 그려 넣었나 보다.

난초

새하얀 한지에
난을 친다

먹물 농담(濃淡)
연하게 진하게
기다랗고 가녀린 잎들
장삼자락 날리듯
사방으로 뻗치고
꽃대 올리고
꽃 그리니

은은한 향
난초 되었네.

*난을 친다 : 난을 그린다.
*먹물 농담(濃淡) : 먹물 명암. 먹물의 진함과 묽음의 정도.

강아지풀

사람들 떠난 동네
인적 없는 돌담엔
푸른 이끼 끼었고

기와지붕
기왓장 사이로
서까래 보이네

강아지풀만 무성히 자라
바람에 흔들흔들
반갑다
꼬리춤 추더라.

*서까래 : 한옥 지붕판을 만드는 가늘고 긴 나무목재.

공작새

숲 속 야외무대
댄스파티 열렸지
반짝반짝
잘 차려 입은 공작새
한 발 두 발
스텝(step) 밟더니

숨 멎은 듯
멈춰서서
넋 나간 듯
어딘가 응시하더라

마음에 드는
파트너 찾았는가
꼬리끝
화려한 깃털
부채처럼 확 펼치고

날 좀 보소
날 좀 보소
간절한 눈빛 보내더라.

이슬방울

굵은 줄기에
넓다란 잎사귀
토란잎,
바람에 뒤집혀진
우산모양 같더라

이른 아침
탱글탱글 맺힌
이슬방울들 얼굴 내밀었네
맑고 투명한 이슬방울들
쭈르르 미끄러지더니
눈깔사탕처럼 커졌네.

*눈깔사탕 : 옛날 사탕. 둥글고 단단하다.

달빛 세레나데

달 밝은 밤
달빛 은은하게
세레나데 들려 오는가?

갈대숲
갈대들
설레인 듯

스삭스삭
가녀린 몸 흔들고
수줍은 듯 손짓하는구나.

*세레나데(serenade) : 저녁에 부르는 사랑노래.

삼바 춤

태곳적 에덴동산
아담과 이브이련가
선악과 먹고
무화과 잎사귀 가리운 자리
화려한 새깃털 덮었네
머리엔
깃털 장식하고
하늘을 나는 새처럼
자유로운 영혼
온몸 흔들며
춤추고
열정의 도가니
순간순간
모두 춤 속에 빠져 드네.

*삼바(samba) : 브라질 흑인계 주민의 춤 또는 춤곡. 4분의 2박자로 매우 빠르고 정열적이다.

이사도라 던컨

토슈즈 벗어 던지니
맨발이더라

두 발
땅에 딛고
공중으로
높이 뛰어오르니

긴 스카프
나풀나풀
하늘 나는 한 마리 새 같더라.

*이사도라 던컨(Isadora Duncan 1877~1927) : 현대 무용의 선구자. 미국의 여성무용가. 스승에게 배우지 않고 무용을 시작하고 자유무용(free dance)이라는 독특한 무용을 만들었다.

*토슈즈(toeshoes) : 발레 신발.

현판 글씨

고즈넉한 산사(山寺)
기둥 현판마다
일필휘지(一筆揮之)
흘려 쓴 글씨체
새 날아가네.

*현판 : 글이나 그림을 새겨 문 위나 벽에 다는 나무판.
*일필휘지(一筆揮之) : 붓을 한번 휘둘러 줄기차게 써 내려 감. 글씨를 힘 있고 잘 쓰는 모습을 나타내는 표현이다.

구름바다 비행기

드넓은 구름바다
고래가 살까?

고래 같은 비행기
구름 뚫고
오르더니
새처럼 휙~ 날더라.

긴 머리 수양버들

개울가 수양버들
머리 감으려는가
풍성한 긴 머리 풀어 놓았네

강바람에
머리카락 흔들흔들 날리고
물 위에서
아른아른
물 닿을 듯 춤추는 수양버들.

물결 따라

흐르는 강물에
찢어진 종이 조각들
물결 따라
춤추듯 흘러가네

아다다,
뿌려 놓았을까?
아다다
모습 뵈지 않고
어디로 갔나
불러도 대답없네.

*아다다 : 계용묵 소설 「백치 아다다」 속 말 못하는 여주인 공 이름.

순천만 S자 곡선

드넓은 순천만
하늘엔
흑두루미 떼 날고
붉은 칠면조 카펫 깔았네

동천에서
유유자적 흘러온 물
순천만 갯벌 들어서니
여인의 몸
S자 곡선 따라
탱고(tango) 춤추듯
흘러 흘러간다

*유유자적(悠悠自適) : 어떤 것에도 얽매이지 않은 채 자유로이 살아가는 모습.

*탱고(tango) : 서양춤의 하나. 4분의 2박자 또는 8분의 4박자의 경쾌한 춤곡. 남녀 한 쌍이 짝이 되어 추는데 매우 육감적이고 낭만적이다.

밀물과 썰물

푸른 바다
하늘엔 갈매기 떼 날고
바닷물 밀려와 밀물 되고
바닷물 밀려가 썰물 되네

사람만 오가는가
밀물과 썰물
드나든 자리
모래밭엔 게들 기어가고

바다에선
넘실넘실
파도,
춤을 추는구나.

파도처럼

해변엔
끝없이 파도 밀려오고
맨발의 이사도라
긴 스카프 두르고
두 다리 밖으로 내놓았네

긴 스카프 날리며
두 팔 들어
한곳 모으고
손끝은 부드럽게
파도가 되어
옆으로 걸어간다.

황금물결

따사로운 햇살
오곡백과 익어 가는 가을

벼 이삭
땅 닿을 듯
고개 바짝 숙였다오

바람 부는 대로
흔들흔들
들판엔 출렁출렁
황금물결 일렁인다오.

추상화 산조

색색 고운 물감들
붓 터치 따라
캔버스 마당에선
산조춤 너울너울
춤판 벌어졌네

멈춘 듯 고요함 속에
마음속에서
무언가 꿈틀꿈틀
흥겨운 고요
흥겨운 움직임
정중동 동중정(靜中動 動中靜)
펼쳐지고
감동을 주네.

*산조(散調) : 우리나라 대표적인 민속기악 독주곡. 가사가 없고 연주만 있는 곡이다.
*정중동 동중정 : 고요함 속에 움직임이 있고 움직임 속에 고요함이 있다. 한국춤의 특성 중 하나이다.

그림들 긴 줄 되어

햇빛 좋고
바람 부는 날
그림들
긴 줄 되어
바람 타고
나풀나풀
춤을 추었지

한글학교 할머니들
솜씨들이라네
스치듯 지나지 말고
만학도 할머니 심정 되어
그림과 시
감상해 보세.

*만학도(晩學徒) : 나이가 들어 뒤늦게 공부하는 학생.

자연인

치열한 도심
부대낀 자욱들
몸과 마음
지치고 멍들었네

실오라기 잡는 심정
청산에 의탁하니
편안하구나

자연이 좋아
자연에서 살다가
하늘이 부르면
자연스레 갈래요.

제 **3** 부

누구나 춤꾼

바람에 흔들흔들
나부끼는
풍선 인형
반갑게 맞아주더라

손가락, 사람이 되어

한 사람
한 손, 다섯 손가락
두 손, 열 손가락

손가락
사람이 되어
사람들 되어

「너랑 나랑은
그렇고 그런 사이니까」

노래에 맞춰
사람처럼
왔다 갔다
움직이며
춤을 춘다

*장기하와 얼굴들 작품 「그렇고 그런 사이」에 나오는 가사이다.

엄마, 따라 해요

엄마와 아가
마주 앉았어요

포동포동한 얼굴에
커다란 두 눈
엄마 뚫어져라 바라보고

도리도리 고갯짓에
곤지곤지 짝짝
잼잼 짝짝

작고 앙증맞은 고사리손
엄마 따라
그대로 따라 하네요

까꿍.

엄마 손은 약손

아이는
배가 아프답니다

"엄마, 배 아파"
"아가야
 예쁜 아가야
 엄마 손은 약손이란다
 엄마 손 닿으면
 금방 나아지지"

둥글게
둥글게
어루만지는
부드러운 엄마의 손길
아이는
스르륵
잠이 들었답니다.

풍선 인형

엄마 손잡고
아장아장 걷는 아이
무엇을 보았는가
엄마 손 뿌리치고
쪼르르 달려가더라

바람에 흔들흔들
나부끼는
풍선 인형
반갑게 맞아주고

신바람 났는가
풍선 인형처럼
덩실덩실
춤추는 꼬마 아이.

비 오는 날, 우산춤

보슬보슬
비 내리고
촉촉한 거리
웅덩이마다 빗물 고였네

색동우산 빙글빙글
돌리며 걷는 아이
장홧발 텀벙텀벙
웅덩이 들어가네

물방울 튕기며
둥글게 둥글게
빙글빙글 춤추듯
돌고 도는구나.

코끼리처럼

한 손 들어
코 잡으니
둥그런 고리 되고

넥타이 매듯
다른 손 밀어 넣으니
기다란 코끼리코 되었지

허리 바짝 숙이고
엉덩이 씰룩씰룩
엉덩이 춤추며
과자 달라고 하였지.

어머니 손가락

아기집
열 달 품어
오랜 산고(産苦)
사랑으로 낳은 어머니
열 손가락 깨물어
안 아픈 손가락 있었을까?

자나 깨나
자식 사랑
명절이라
흩어져 사는 자식들 온다고
살가죽 쭈글쭈글
뼈만 남은 앙상한 손가락

부엌에서
딸가닥 딸가닥
쉴 새 없이 움직이더라.

*아기집 : 어머니 자궁.

병아리춤

딸 낳으면 비행기 탄다더니
시골 할머니
외손주 돌보러
난생처음
비행기 타고
중동 땅 밟았네

하루는
손주들 병아리 사 달라 졸라 대고
올망졸망
함께 시장 갔다네

아랍말은 모르고
양팔 옆으로
날갯짓 푸닥푸닥
삐약삐약
소리 냈더니

병아리 주인
깔깔깔 웃으며
병아리 내어 주었네.

구름 속 비행기 날듯

소독차 오는 날
이 골목 저 골목
안개처럼 뿌옇게
소독약 깔렸게

소독차 뒤꽁무니 쫓으며
아이들
구름 속 비행기 날듯
두 팔 휘저으며
춤추며 따라갔었네

그때 그 시절 그리워라.

고개, 끄덕끄덕

선생님
칠판에 그림 그리고
설명하신다

"느그들
이해가 가냐?"

학생들
알았다는 듯
고개, 끄덕끄덕
교실은 고개춤으로 출렁인다.

손수건 꺼내 들고

일흔 넘어
눈 뜨고도 앞 못 보는 시어머니
TV 볼 순 없어도
노랫소리 나오면
좋아하셨네

눈물, 콧물 닦는 손수건
고쟁이 바지춤 꺼내 들고
노랫가락 따라
딩가딩가 딩가딩가
시어머니 춤은 손수건춤이었네.

피아노 건반, 춤 공연장

열 손가락
스텝(step) 밟듯
건반 누르고

화려한 율동의 물결들……
톡톡톡 두드리니
탭댄스(tap dance)라네

피아노 건반은
춤 공연장
춤판 벌어졌구나.

*탭댄스(tap dance) : 밑바닥에 쇠붙이를 댄 구두를 신고 마룻바닥을 율동적으로 치며 추는 춤. 본래 미국 남부의 흑인춤이었다고 한다.

통빨래

따사로운 햇빛
바람 솔솔
빨래하기 좋은 날

커다란 대야
홑이불 넣고
콧노래 흥얼흥얼
마음 내키는 대로
몸이 리듬을 탄다

이 산 저 산
양어깨
올렸다 내렸다
두 팔 흔들며

검정 땟물
개운하게 맑아질 때까지

발 지근지근
비누 거품 튕기며
즐겁게 춤을 춘다.

지휘자 손길

지휘자 손길 따라
오케스트라 선율 흐르고
공중을 가르는 손길
자연스레
춤길 되더라
지휘자 손길은 춤길이더라.

발걸레질

빙판의 꽃
피겨 스케이트
피겨 선수
날카로운 두 날
스케이트 신고

음악 선율 따라
얼음판 위
춤동작 펼치듯

발걸레 신고
앞으로 옆으로 왔다 갔다
마루를 닦고 또 닦네.

다이아몬드 스텝(Diamond steps)

반짝반짝
다이아반지만
다이아몬드더냐

흥겨운 노랫가락
신나게 두 팔 흔들며
두 발은
다이아몬드 스텝 밟더라

걸음걸음……
다이아몬드 되어
걸음걸음……
오색찬란하게 빛나더라.

비틀어짜기 : 트위스트(twist)

먼지 앉은 대청마루
걸레질 반들반들
나뭇결 그대로 보이네

까매진 걸레
빨래판 놓고
비누칠에
쓱쓱 비벼
헹구고
비틀어 짠다

걸레,
트위스트 춘다.

*트위스트(twist) : 상체와 하체를 좌우로 비틀면서 추는 춤.

두 주먹 에어로빅

살림하던 거친 손
두 주먹 불끈
글러브(Glove) 끼고
뛰면서 몸을 흔드네

샌드백(Sandbag, 모래주머니)은
보이지 않고
허공을 향해
힘차게
주먹질 또 주먹질
스트레스 날리고 날리네

스트레스
KO패 당했네.

*두 주먹 에어로빅 : 임영웅 노래 「두 주먹」. 리듬 따라 에어로빅 동작이 펼쳐진다.

*KO패 : 권투에서 선수가 공격을 받고 쓰러져 10초 안에 경기를 다시 못해 지는 것을 뜻한다.

옷자락 디스코

나지막한 산등성이
누군가
벌집 건드렸나 보다

새카맣게
벌 떼 몰려오고
사람들
겉옷 벗더니
위아래 옆으로
사방팔방
옷자락 돌리고 돌리네

멀찌기
밭일하는 아낙네
얼핏 보았나 보다

"아~따 무슨 사람들이
저러코롬 산에서 재미지게
디스코를 추고 논다냐~"

*디스코(disco) : 경쾌한 음악에 맞춰 자유롭게 추는 춤.

봉춤(폴댄스 : pole dance)

기다란 봉
한끝은 바닥에
다른 한끝
천장에 붙였네

천장과 바닥은
하늘과 땅
사람이 생명줄 잡듯
봉에 매달려
인생사 희로애락(喜怒哀樂)
온몸에 실어

불룩불룩 튀어나온 근육
혈관 튀어나올 듯

온몸으로 춤을 춘다.

*봉춤 : 봉 위에 매달려 하는 춤으로 근력 강화에 효과적이다.
*희로애락(喜怒哀樂) : 기쁨, 노여움, 슬픔, 기쁨.

훌라후프 훌라춤

반짝반짝
별 빛나는 밤

훌라후프 돌리는 아가씨
두 팔 위로 올리고

훌라훌라
훌라춤 추는구나

밤하늘 별들
구경 나왔네.

에어로빅 댄스 타임

사람들
신나는 음악에 맞춰
숨 깊게 들이쉬고
숨 길게 내쉬고
살 떨리도록
신나게
춤추듯 몸을 흔든다

스트레스야 날아가라.

*에어로빅 댄스(aerobic dance) : 1972년 미국에서 시작되었고 동작을 하면서 심장, 폐 기능을 활발하게 하여 산소를 많이 들이마시게 하는 춤이다.

탈춤

남의 눈치 보느라
체면치레 하느라
못했던 말

얼굴짝
탈에 감추고
탈이 말하듯
거침없이
속 뻥 뚫리듯 쏟아 내더라

어깨 덩실덩실
소매 장삼 나풀나풀
투박한 몸짓들

덩기덕 덩더 덩덕
쿵기덕 쿵더 쿵덕

매끈한 춤 아니고
꾸밈없고
진솔하기에
자꾸 끌리는 탈춤이라네.

탬버린 흔들흔들

고요한 밤
어디선가 들려오는
탬버린 소리

숲의 요정들
달처럼 둥근 탬버린 들고
흔들흔들
춤을 추고

밤하늘 별들처럼
탬버린 물결
반짝반짝 빛나더라.

가면무도회

화려하게
멋을 부린 사람들
얼굴엔
가면 쓰고
무도회장 가득 채웠네

얼굴은
볼 수 없고
눈으로 모든 걸 말하는가

서로 눈길
주고받더니
마음에 드는 파트너
손에 손잡고
두리둥실 리듬을 타며
춤을 춘다.

승무

새하얀 고깔 모자 쓰고
꽃처럼 붉은 가사 걸쳤네

염불(念佛)하듯
한참 머뭇거리다

장삼자락
하늘로 뿌리니

나풀나풀
나비 같더라.

*승무(僧舞) : 불교적 색채의 민속무용.
*가사(袈裟) : 장삼 위에 왼쪽 어깨에서 오른쪽 겨드랑이 밑으로 걸쳐 입는 승려의 법의(法衣).

보살춤

여자일까?
남자일까?

보살
보디사티바(Bodhisativa)

깨달은 사람
아름다운 사람

한자리 머물러
보살춤 추는
최승희

후광(後光) 속에서
빛나네.

거울 앞에서

거울 앞에 서서
거울 앞 내가
거울 속 나를 바라본다

거울 속 내가
거울 밖 나를 바라본다

「눈을 감은 채 춤을 추네
귀를 막은 채 춤을 추네」

노래 읊조리며
그대로 따라 한다
눈 감고 귀 막고서 춤을 춘다

그냥 내키는 대로
아무렇게

그렇게
춤을 추네
뒤죽박죽 막춤이라네.

*막춤 : 형식 제한 없이 아무렇게 자유롭게 추는 춤.
*국카스텐 작품 「거울」에 나오는 가사이다.

부채춤

머리에
꽃화관 하늘하늘
궁중대궐 마마님
당의(唐衣) 입고

깃털 나풀나풀
꽃부채 양손 들고서
부채를 접었다 폈다
꽃 같은 사람들
꽃처럼 아름답게 춤을 춘다

꽃부채
꽃잎 되어
둥그런 원 이루니
탐스런 꽃 한 송이
살포시 피어나고

꽃부채 나풀나풀
나비 한 마리
사뿐히 앉았다

부채가 모여 꽃이 되었다
사람이 모여 꽃이 되었다.

*당의(唐衣) : 예복의 하나. 겉은 초록색, 안은 담홍색이며 깃과 고름은 자주색으로 가슴에 봉황을 수놓은 흉배가 있고 소매가 넓으며 앞자락이 짧고 뒷자락이 길다.

강강술래 · 1

섬 흩뿌려 놓았나
섬 많은 남도땅
진도 섬 있고
진도 망금산에서
물살 빠른 울돌목(명랑해협)
한눈에 들어오네

이순신 장군
왜군들
울돌목으로 유인하고
아녀자들 떼 지어
강강술래 놀이하게 했다는
이야기 전해 내려오네

넋나간 왜군들
300여 척 배들과 함께

섬멸당했다 하고
지략이 뛰어난 심리전이었네.

강강술래 · 2

순천만 국가정원
휘영청 달 밝았소

쟁반처럼
넓다란 호수정원
올망졸망 동산에서
순천사람
타지(他地) 사람
외국 사람

얼굴엔 웃음꽃 가득
손에 손잡고
강강술래
돌고 돌았소

둥근달처럼
모두 하나 되어

강강술래
돌고 돌았소.

병신춤

사지육신 멀쩡한 사람
앉은뱅이 흉보지 않고
앉은뱅이 되어

꼽추 흉보지 않고
꼽추 되어
앉은뱅이처럼
앉은뱅이 춤춘다

꼽추처럼
꼽추춤 춘다.

*병신춤 : 공옥진 선생님의 대표적인 춤으로 동물춤과 병신춤이 있다.

*사지육신(四肢肉身) : 팔, 다리, 몸뚱이.

*공옥진(1931~2012) : 한국무용가. 춤, 소리, 연기가 어우러진 일인 창무극의 선구자이다.

유종의 미

바늘
실 꿰어
한땀 두땀
마음을 담는다

삐뚤삐뚤
울면 안되지
한땀 두땀
마음을 담는다

보일 듯 말 듯
튀지 않게
유종의 미
마지막 매듭이라네.

*유종의 미(有終-美) : 한번 시작한 일을 끝까지 잘하여 맺은 좋은 결과.

지금 이 순간 : 텅 빈 충만

지난 일
미주알고주알
미련일랑 원망일랑
벗어 두고

한 치 앞
모르는 세상살이
근심일랑 걱정일랑
벗어 두고

지금 이 순간
내가 나를 보듯
나를 잊고
똘망똘망 깨어 있는다

텅 빈 가슴
평안함 가득

순간
입가에 엷은 미소 번진다.

*텅 빈 충만 : 법정 스님(1932~2010)의 수상집(隨想集 : 생각을 모은 책) 제목이다.

살풀이춤

숨 멈춘 듯
고요한 적막(寂寞)
장삼 든 손끝
한곳 모으고

지금 이 순간
다시 못 올 지금 이 순간

긴 장삼자락 나풀나풀
모든 걸 훌훌 뿌리듯 날린다
내맡기듯 날린다
하늘 향해 날린다.

*살풀이 : 살(액운)을 푼다.
*적막(寂寞) : 고요하고 쓸쓸함.

여여(如如)

달 차면 달 기울고
달 기울면 달 차더라

양지가 음지 되고
음지가 양지 되더라

빈손으로 왔다
빈손으로 가는
공수래공수거(空手來空手去)
우리네 인생

기쁨이 슬픔 되고
슬픔이 기쁨 되더라
여여(如如)하더라
같고 같더라
늘…… 그러하더라.

윤 자 시집

춤, 생활 속에 스며들어 있었네

초판 인쇄 2020 년 7 월 20 일
초판 발행 2020 년 7 월 25 일

지은이 | 윤　자
펴낸이 | 김효열
편　집 | 이미정
마케팅 | 김효숙 · 김영미 · 박미옥

펴낸곳 | **을지출판공사**

등록번호 | 1985 년 2 월 14 일 제 2-741 호
주　　소 | 서울시 마포구 양화진길 41, 603호
우편번호 | 04083
대표전화 | 02) 334-4050
팩시밀리 | 02) 334-4010
전자우편 | ejp4050@hanmail.net

값 13,000원

ISBN 978-89-7566-187-7　　03810